ITINÉRAIRE

DE L'ESPAGNE

ET DU PORTUGAL.

ITINÉRAIRE
DE L'ESPAGNE
ET DU PORTUGAL,

ou Description géographique et historique de ces pays, avec leurs principales routes et les distances de chaque lieu à un autre ; accompagné d'une carte ou plan routier, d'après les observations les plus modernes ;

Par l'AUTEUR de la Géographie tant ancienne que moderne , enseignée par l'Histoire de tous les temps, etc.

A PARIS,

Chez BELIN fils, Libraire, quai des Augustins, N°. 55.

1809.

DISCOURS PRÉLIMINAIRE.

AVANT de parcourir l'Espagne et le Portugal, il est bon de jeter un coup d'œil sur les révolutions de cette vaste péninsule, et d'en donner un aperçu. Baignée à l'orient par la Méditerranée, vers l'occident par l'Océan Atlantique, au midi par le détroit de communication de ces deux mers, et au nord par la chaîne escarpée des monts Pyrénées qui la séparent de la France; sa situation semblait devoir la préserver de toute invasion étrangère. Mais les richesses de son sol y ont d'abord attiré les Phéniciens, puis les Carthaginois, et ils y ont fondé plusieurs villes. Insensiblement les Carthaginois y ont étendu leur domination, et l'eussent entièrement subjugué, si les Romains ne leur en eussent disputé la conquête. La chute de Carthage fit ensuite passer ce pays sous la domination romaine; mais une inondation de barbares, originaires du Nord, Suèves, Goths et Vandales, après avoir traversé la Gaule (France), pénétrèrent par les Pyrénées en Espagne, et la ravagèrent. Après s'y être fixés, ils se divisent; et les Van-

dales, attirés en Afrique, se déter-
minent à y passer. Alors les Goths fondent en Espagne une monarchie qui sub-
siste environ 300 ans. Devenue ainsi la
conquête des peuples septentrionaux,
l'Espagne est ensuite envahie par d'autres méridionaux non moins barbares
que les premiers. Les Arabes, Maures ou
Sarazins, sectateurs de Mahomet, après
avoir saccagé les côtes septentrionales de
l'Afrique, passent le détroit de Gibraltar
qui les sépare de l'Espagne, et s'em-
parent de ce pays. Les montagnes de
Léon et des Asturies servent alors de
refuge à un prince Goth, qui s'y maintient contre ces Mahométans, et y donne
naissance au royaume de Léon. De leur
côté, les Maures se partagent le reste de
l'Espagne et y fondent différens royaumes.

Insensiblement celui de Léon s'accroît
par diverses conquêtes sur les Maures,
et notamment de la Castille. Celui de Navarre, fondé par un Français d'origine,
forme dans cette péninsule un second
royaume chrétien; et leurs forces réunies
enlèvent encore aux Maures diverses autres provinces. L'Aragon devient ainsi un

autre royaume chrétien. L'expulsion des Maures du Portugal, par un prince français allié aux rois goths, en forme un quatrième. Enfin, tous les efforts des Maures échouent contre ces rois réunis; et ils finissent par perdre l'Espagne.

Le royaume de Navarre passe ensuite à la France par l'effet d'un mariage; et, d'un autre côté, celui d'un roi d'Aragon avec une reine de Castille, commence à consolider la monarchie espagnole. La découverte du Nouveau-Monde, sous ces derniers, leur procure bientôt des richesses immenses, faites pour les conduire à d'autres entreprises. Mais ils dépeuplent l'Espagne par l'expulsion des Maures qui y étaient restés. Le mariage de leur fille unique avec un archiduc, transfère la couronne d'Espagne dans la maison d'Autriche; et par elle la majeure partie de la Navarre, ainsi que le Portugal, sont envahis. Cependant ce dernier royaume en secoue le joug, et se maintient dans son indépendance.

La couronne d'Espagne passe enfin, par l'effet d'un testament, à un prince de la maison de Bourbon; et elle lui reste mal-

4

gré les efforts de nombre de puissances, et notamment des Anglais. Cependant ces perpétuels ennemis de la France ont cherché, dans ces derniers temps, à armer l'Espagne contre nous. N'en trouvant pas le roi susceptible de partager leur haine, ils se sont adressés à son fils, et l'ont armé contre son père. Celui-ci, forcé de descendre du trône, se jette entre les bras des Français, et les force de venger sa cause. Une junte ou assemblée des états espagnols, déclare le fils déchu de la couronne, et la défère à Joseph Napoléon, frère du grand Empereur des Français.

Après cet historique de l'Espagne, nous allons passer aux connaissances géographiques de ce pays, où nous nous proposons de conduire le lecteur comme par la main. Pour cela, il suffira de parcourir successivement les principales routes qui de Madrid, sa capitale et son centre, en partent, comme autant de rayons, vers sa circonférence; et nous ne manquerons pas de lui faire jeter un coup d'œil sur les villes intermédiaires.

ITINÉRAIRE
DE L'ESPAGNE
ET DU PORTUGAL.

OBSERVATION.

Les distances seront évaluées en lieues d'Espagne et de Portugal, à raison de dix-huit trois quarts au degré; mais il sera aisé de les comparer aux lieues marines de vingt au degré, en ajoutant à celles-ci un seizième, et aux lieues communes de France de vingt-cinq au degré, en ajoutant un vingtième à ces dernières.

DEUX routes principales conduisent de France en Espagne; l'une par Perpignan, le long de la Méditerranée, et l'autre par Bayonne, le long de l'Océan. La première étant la moins directe pour aller à Madrid, nous allons commencer par la seconde, sauf à rentrer en France, et sortir par l'autre de l'Espagne.

Bayonne, FRANCE.

ESPAGNE.

Fontarabie, petite mais très - forte ville près de la mer, à l'embouchure de la

5

petite rivière de Bidassoa , sur laquelle on voit l'île des Faisans, depuis appelée de la Conférence , parce que ce fut dans cette île que les plénipotentiaires de France et d'Espagne conclurent la paix de 1659, dite des Pyrénées.   4 l. ¾.

HAUTE-NAVARRE.

Ce pays faisait autrefois partie d'un royaume qui s'étendait des deux côtés des Pyrénées. Usurpé par l'Espagne , il est devenu une de ses provinces.

Pampelune en est la capitale. Cette ville est fort ancienne; on dit même que Pompée en est le fondateur : elle est assez grande , et défendue par deux forts châteaux.   12

Estella , au sud-ouest de la précédente, en est à six lieues et demie. Elle est sur l'Éga, qui se jette dans l'Èbre, fleuve dont nous parlerons ci-après.

Sanguesa , au sud-est de Pampelune , en est distante de sept lieues. Cette ville est sur la rivière d'Aragon.

Olite , près de laquelle passe la

161. ¾.

Ci-contre 16 l. 3/4.

route, est une jolie ville, où les anciens rois de Navarre ont fait quelque temps leur résidence.

7 1/4.

Tudela, près de laquelle aussi passe la route, est une ville sur la rive droite de l'Èbre. Ce fleuve traverse l'Espagne du nord-ouest au sud-est, et reçoit une quantité de rivières qui le rendent considérable. Son nom primitif *Iberus* a donné autrefois à l'Espagne le nom d'Ibérie.

6

CASTILLE VIEILLE, *ainsi nommée du grand nombre de châteaux qu'on y a bâtis contre les Maures.*

Calahora, aussi sur l'Èbre, au nord-ouest et à six lieues de la dernière, a donné naissance au fameux Quintilien. Cette ville est célèbre aussi par une grande victoire que les Chrétiens y ont remportée sur les Maures.

Logrono, encore sur l'Èbre, au-dessus et au nord-ouest de la précédente, en est à neuf lieues et demie. Cette ville est renommée pour ses bons vins.

30 l.

D'autre part 30 l.

Soria, à peu de distance et à l'occident de la route, est vers la naissance du Douro, autre fleuve qui traverse l'Espagne dans un sens opposé à l'Ebro. Les curieux peuvent rechercher aux environs de cette ville les ruines de l'ancienne Numance, détruite par Scipion l'Africain.   10 ¾.

Barlenga, au nord-ouest et à six lieues de Soria, est une petite ville environnée de montagnes.

Almazan, sur le Douro, est peu considérable.   6

Osma, ville très-ancienne, sur le Douro, est presque ruinée; elle est à huit lieues et à l'occident d'Almazan.

Siguenza, ville très-forte, avec université, un château et un arsenal.   9

Une chaîne de montagnes forme ensuite la séparation de la Castille vieille avec la nouvelle, ainsi nom-

55 l. ¾.

Ci-contre 55 l. $\frac{3}{4}$.

mée parce qu'elle a été conquise
postérieurement à la vieille.

CASTILLE NOUVELLE.

Alcala de Henarés, ville assez considérable, avec une célèbre université fondée par le cardinal Ximènes. 14

Madrid, la capitale et comme le
centre de la monarchie espagnole,
est une grande ville, mais en général
mal bâtie. Cependant on y voit une
fort belle place, de belles églises et
de belles fontaines. 4

73 l. $\frac{3}{4}$.

Route de Madrid en Biscaye.

CASTILLE NOUVELLE.

Bugtrago, ville peu importante. 11 $\frac{1}{2}$

CASTILLE VIEILLE.

Aranda de Douro, ainsi nommée
parce que cette ville est située sur
ce fleuve. 11 $\frac{1}{2}$

23 l.

D'autre part 23 l.

Burgos, ville remarquable par sa grandeur et les richesses de ses églises, est la capitale de la Castille vieille. 13

La route s'y divise vers deux villes importantes, ci-après :

ci-contre 361. 361.

Saint-Ander, sur la côte de la Biscaye, est un port très-marchand, situé sur une petite péninsule. 22 $\frac{1}{2}$

581. $\frac{1}{2}$

CASTILLE VIEILLE.

Miranda, petite ville, traversée par l'Ebro. 10

BISCAYE, dont les anciens habitans étaient autrefois appelés Cantabres.

Bilbao, capitale de cette province, est une grande et belle ville, fort

461.

Ci-contre 46 l.

marchande , quoique son port ne reçoive pas de gros vaisseaux.

10 $\frac{1}{3}$.

56 l. $\frac{1}{3}$.

Saint-Antonio , sur l'Océan , à sept lieues et demie de la précédente , est peu remarquable.

Saint - Sébastien , à l'orient et à douze lieues un tiers de Bilbao , est un port très-fréquenté , où il se fait un grand commerce.

Route de Madrid aux Asturies et en Galice.

CASTILLE NOUVELLE.

Escurial , près duquel passe cette route , n'est proprement qu'un monastère magnifique , bâti en l'honneur de Saint-Laurent, et dont les bâtimens représentent un gril. Cependant la cour s'y est réservé un logement qui fait partie de cet immense édifice.

7 l. $\frac{1}{3}$.

CASTILLE VIEILLE.

Une route particulière conduit de l'Escurial à

Ségovie, belle et riche ville, renommée

7 l. $\frac{1}{3}$.

D'autre part   7 l. $\frac{1}{3}$

pour ses beaux draps et ses laines, où
l'on bat monnaie, et dans laquelle se
voit un château royal; elle est au nord et
à sept lieues de l'Escurial. Une route particulière mène aussi de cette ville à la sui-
vante, qui en est à huit lieues.

Arevalo n'est remarquable que
parce que cette ville est le point où
se réunissent différentes routes.   10 $\frac{2}{3}$

Il en est une qui, se dirigeant au
nord, mène à

Valladolid, ville grande et bien peuplée, sur le Douro. On y voit plusieurs
belles places, et les rois de Castille y ont
anciennement résidé. Elle est à treize
lieues d'Arevalo. Une autre route conduit de cette ville à Burgos, précédemment
décrite.

Penafiel sur le Douro, au sud-est et à
cinq lieues de Valladolid, n'est remarquable que par un château fort.

Avila, au midi, et à six lieues d'Arevalo, est la patrie de sainte Thérèse.
Cette ville est remarquable par les beaux
draps qui s'y fabriquent.

181.

Ci-contre 181.

ROYAUME DE LÉON, *où se sont ar-*
rêtées les conquêtes des Maures
sur les Chrétiens, et d'où ceux-
ci ont reconquis tout ce que
les Maures leur avaient enlevé.
Aussi, ce petit pays montagneux
doit-il-être regardé comme le ber-
ceau de la monarchie espagnole.

Medina del Campo, ville an-
cienne et commerçante.   8

Toro, ville ancienne et considé-
rable, mais singulièrement déchue.   7 $\frac{1}{4}$

Une autre route prolonge le
Douro, de cette ville vers

Zamora, sur le même fleuve, à l'ouest
et à quatre lieues et demie de la précédente;
et de cette ville une autre route, se dirigeant vers le sud-ouest, puis au sud-est,
revient ensuite vers Madrid.

Benavente est une petite ville
sur l'Ezla, qui se jette dans le Douro.   9

Palencia, à l'orient et à treize lieues

                                                    42 l. $\frac{1}{4}$

D'autre part   42 l. $\frac{1}{4}$.

un tiers de la précédente, est une ancienne ville, sur le Corrion, sur les frontières de la Castille.

Corrion de los Condes, à six lieues
au nord de celle-ci, tire son nom de la
rivière de Corrion qui se jette dans le
Douro.

Puebla de Sanabria, à l'ouest et à
dix lieues un tiers de Benavente, est un
lieu peu important.

Astorga, ancienne et forte ville,
est dans une plaine agréable.   6 $\frac{1}{2}$.

Ici la route se divise, l'une vers
les Asturies, et l'autre vers la Galice.

48 l. $\frac{3}{4}$.

Route des Asturies.   48 l. $\frac{3}{4}$.

Léon, ancienne et grande
ville, capitale de l'ancien
royaume de ce nom, n'a
cessé d'être la résidence de
ses rois, que depuis la
réunion de ce pays à la Castille. Sa cathédrale passe

48 l. $\frac{3}{4}$.   48 l. $\frac{3}{4}$.

Ci-contre 48 l. ¾. 481. ¾.

pour la plus belle de l'Espagne.   8

ASTURIES, *ainsi nommées
de leurs anciens habitans
nommés* Astures. *Cette
province faisait ci-devant
partie du royaume de
Léon.*

Oviedo, capitale de ce
pays, est une ville ancienne
et considérable, dont toutes
les rues aboutissent à une
grande place qui sert de
marché.   13 l.
                            _____
                            69 l. ¾.
                            _____

Penaflor, à cinq lieues sud-ouest de la
précédente, est un lieu peu important.
    Santillane, à l'orient et à dix - neuf
lieues et demie d'Oviedo, est plus près de
la mer.

                            _____
                            48 l. ¾.

$$D'autre part \quad 481. \frac{3}{4}.$$

Route de Galice.

Villa Franca, lieu peu considérable, est frontière de la Galice. $131. \frac{3}{4}.$

$$62 l. \frac{1}{2}.$$

GALICE.

Un peu avant Villa Franca, on trouve un embranchement de route qui va dans la partie méridionale de cette province et conduit à 62 l.

Orense, sur le Minho, ville célèbre par ses eaux chaudes. $18 l.$

Monterey, au sud-est et à neuf lieues de cette dernière, est au pied des montagnes qui séparent la Galice du Portugal.

Viana, au nord-est et à sept lieues et demie de la précédente, est au pied des mêmes montagnes.

Tuy, ancienne et forte ville, sur le Minho, est

$$8o l. \qquad 62 l. \frac{1}{2}.$$

Ci-contre 80 l.   62 l. $\frac{1}{2}$.

un point de communication
avec le Portugal.   13

—————

93

Vigo, au nord-ouest et à trois lieues
un tiers de Tuy, est un port avec un vieux
château.

Pontevedra, au nord et à cinq lieues de
Vigo, est un autre port renommé pour la
pêche des sardines.

Sarria, près de la route, est peu
considérable.   11

Paradela, au sud - est et à trois lieues
un quart de la précédente, ne l'est pas
davantage.

Lugo, au nord et à cinq lieues de Sarria, est une ancienne ville sur le Minho,
renommée par ses eaux chaudes, tempérées
et bouillantes. Un embranchement de la
route mène ensuite à

Saint-Jago de Compostelle, capitale et ville fameuse de la Galice,
par son pélerinage au tombeau de
saint Jacques, dont le corps, dit-

73 l. $\frac{1}{2}$.

D'autre part   73 l. ½.

on, repose dans la cathédrale, et par l'établissement de l'ordre des chevaliers de S. Jacques. On y voit de belles places publiques 73 l. ½.   73 l. ½. et plusieurs beaux édifices. 18

91 l. ½.

Muros, à l'occident et à neuf lieues et demie de la précédente, est un petit port.

Camarina, au nord et à six lieues et demie de celui-ci, en est un autre. C'est entre ces deux ports qu'est le fameux cap Finistère.

L'autre embranchement de la même route conduit à la

Corogne (la), port des plus beaux et des meilleurs de l'Océan, et défendu par deux châteaux. Cette ville, située dans une presqu'île, est fort ancienne.   18   ¼.

91 l. ¾.

Férol (le), au nord et à quatre lieues deux tiers de la Corogne, est un autre port aussi renommé.

Mondonedo, à l'orient et à douze lieues un quart du Férol, est la ville la plus salubre de cette province.

Stanque de Vares, qui en est à sept lieues au nord, est près du cap Ortegal.

Routes de Madrid en Portugal.

Deux principales y conduisent, l'une par le royaume de Léon, et l'autre par l'Estramadure. Nous allons commencer par la première.

CASTILLE VIEILLE.

Arevalo, décrit dans la route précédente.   181.

ROYAUME DE LÉON.

Salamanque, ville grande et bien peuplée, sur la rivière de Tormes. Sa cathédrale est une des plus belles d'Espagne ; son université en est la première ; on y voit une belle bibliothèque.   12 $\frac{1}{4}$

Ledesma, à l'ouest et à six lieues de

30 l. $\frac{1}{4}$

Salamanque, est une ancienne ville sur la rivière de Tormes, et qui communique à la précédente par une route.

Alva, au sud-est et à cinq lieues deux tiers de Salamanque, est une ville assez considérable.

Ciudad Rodrigo est une place forte, sur les frontières du Portugal ; cette ville est grande, et il s'y fait un grand commerce de cuivre. 15

PORTUGAL.

Ce royaume, par sa situation, semble ne devoir être qu'une dépendance de l'Espagne, dont il a éprouvé même toutes les révolutions. Depuis qu'il a recouvré son indépendance, ses grandes liaisons avec les Anglais n'en ont fait qu'un allié perfide de la France. En voyant le moment de la vengeance arrivé, son roi s'est jeté dans les bras des Anglais, et a fui avec eux.

Almeida, ville frontière de ce

Ci-contre 45 l. $\frac{1}{4}$.

pays. Les Espagnols et les Portu-
gais y ont eu, en 1663, une action
fort vive.   6

Pinhel, au nord-ouest et à six lieues
de la précédente, est une petite ville dont
la route conduit aux rives du Douro.

Guarda, à l'ouest et à six lieues trois
quarts d'Almeida. Une route particulière
conduit à cette ville, et, par un retour sur
la route, y ramène.

Covilham, au sud-ouest et à cinq lieues
trois quarts de la précédente, est peu importante.

Pedregao, à treize lieues un quart et
au sud-ouest de la dernière, est aussi
peu remarquable.

Tomar, près de laquelle passe
la route, est une jolie petite ville
qui est le chef-lieu de l'ordre de
Christ.   32

Santarem, sur le Tage, est une
ancienne et belle ville, dans un sol
des plus fertiles.   6 $\frac{2}{3}$.

Lisbonne, capitale du Portugal,

---

89 l. $\frac{11}{12}$.

D'autre part 891. $\frac{11}{12}$.

est une grande ville à l'embouchure du Tage, et bâtie sur sept collines. Avant le tremblement de terre qui l'a renversée en 1755, elle renfermait nombre de bâtimens magnifiques ; elle a été en partie rebâtie, et est encore très-peuplée et très-commerçante.

15

1041. $\frac{11}{12}$.

Avant de parcourir la partie septentrionale du Portugal, nous devons remonter le Tage depuis Santarem, pour y observer quelques villes.

Abrantes, à l'orient et à neuf lieues et demie de Santarem, est une ville sur la rive droite du Tage.

Montforté, à peu de distance de ce fleuve, est une place frontière du Portugal, à l'orient et à douze lieues un quart de la précédente.

Idanha-Velha, ville au nord de celle-ci, en est à six lieues deux tiers.

Route de Lisbonne dans la partie septentrionale du Portugal.

Leiria, ville forte. 19 l. $\frac{3}{4}$.

Ci-contre 191. $\frac{3}{4}$.

Selir, sur la côte, est au sud-ouest
et à huit lieues un tiers de cette dernière.

Lavos, sur la même côte, est au nord
et à cinq lieues deux tiers de Leiria.

Coimbra, grande et belle ville,
est une ancienne capitale du Portugal ; elle a une université célèbre
dans le palais des anciens rois.   11

Aveiro, au nord-ouest et à neuf lieues
de la précédente, est un port sur l'Océan,
près de l'embouchure du Vouge. Cette rivière prend sa source dans une chaîne de
montagnes près de

Viseu, ville fort agréable, environnée
de beaux jardins, au nord-est et à quatorze lieues et demie de Coimbre.

Porto, sur une montagne et à
l'embouchure du Douro, est une ville
riche et importante ; il s'y fait un
grand commerce des vins du pays,
principalement recherchés dans les
parties septentrionales de l'Europe.   18 $\frac{1}{2}$.

Une route particulière conduit

49 l. $\frac{1}{4}$.

D'autre part   491. $\frac{1}{4}$.

de cette ville, le long du Douro, à

Lamego, ville avec une bonne cita-
delle, à l'orient et à quatorze lieues un
tiers de Porto; et cette route conduit à
Pinhel, précédemment décrite, et qui en
est à treize lieues deux tiers au sud-est.

Braga, près de la route, est une
grande et ancienne ville, au nord de
Porto.   9 $\frac{1}{4}$.

Viana, au nord-ouest et à six lieues un
quart de celle-ci, est une ville assez considérable, avec un port sur l'Océan.

Tuy, précédemment décrite, et
frontière de Galice.   9 $\frac{3}{4}$.

         68 l. $\frac{1}{4}$.

Une chaîne de montagnes sépare ici la
Galice du Portugal, et au pied de cette
chaîne se voient

Montalègre, au nord-ouest et à treize lieues de
Braga.

Bragança, à l'orient et à quinze lieues de la précédente, est une ville dont les anciens seigneurs ont
donné des rois au Portugal.

Miranda, au sud-est et à huit lieues un tiers de celle-ci, est une place forte sur le Douro, et bâtie sur un roc.

Mirandela, au sud-ouest de Bragança, en est à neuf lieues deux tiers.

Route de Madrid en Portugal, par l'Estramadure.

CASTILLE NOUVELLE.

Illescas, petite ville.	5 l.
Tolède était, sous les Goths, la capitale de l'Espagne ; elle est encore une de ses principales villes ; sa cathédrale est surtout remarquable. Le Tage entoure cette ville de deux côtés.	6 $\frac{1}{2}$
La route se dirige ensuite le long du Tage, et passe près de	
Montalban, ville peu importante.	7
Talavera la Reyna était anciennement l'apanage des reines de Castille. Cette ville est sur le Tage.	4 $\frac{2}{3}$
	23 l. $\frac{1}{6}$

D'autre part 23 l. $\frac{1}{6}$.

Ce fleuve baigne au - dessous deux villes à observer.

Puente de Larcobispo, belle ville, à cinq lieues sud-ouest de la précédente.

Talavera la Vieja, au sud-ouest et à quatre lieues de la dernière.

ESTRAMADURE, *ancienne Lusitanie, appartenante, partie à l'Espagne, et partie au Portugal.*

Deux routes s'y présentent pour ce dernier pays. La première, par

Almaraz, où l'on passe 23 l. $\frac{1}{6}$.
le Tage.   14

Truxillo, ville considérable, est la patrie du célèbre François-Pizare, conquérant du Pérou.   5 $\frac{3}{4}$.

De cette ville, une route se dirige au sud vers l'Andalousie, conduisant à

Ellerena, à dix-sept lieues deux tiers de Truxillo.

42 l. $\frac{11}{12}$.   23 l. $\frac{1}{6}$.

Ci-contre 42 l. $\frac{11}{12}$. 23 l. $\frac{1}{6}$.

Belacazar, à l'orient et à dix lieues de celle-ci, est sur les frontières de l'Andalousie et au milieu des montagnes qui la séparent de l'Estramadure.

Medellin, sur la Guadiana, est une ancienne ville qui a été la patrie du fameux Fernand-Cortez, le conquérant du Pérou. 8 $\frac{1}{2}$.

Ici la route, par un retour vers l'ouest, conduit à

Merida, sur la Guadiana, est une ancienne ville où l'on voit de beaux restes d'antiquité. 7 $\frac{1}{2}$.

Badajoz, aussi sur la Guadiana. Cette ville n'est pas grande, mais bien bâtie, et elle est la capitale de l'Estramadure Espagnole. 11

69 l. $\frac{11}{12}$.

23 l. $\frac{1}{6}$.

4

Almendralejo, vers l'orient et à huit lieues trois quarts de Badajoz, communique avec celle-ci par une route qui se prolonge ensuite en Andalousie.

Xeres de los Cavalleros, au sud et à neuf lieues de Badajoz, a été ainsi appelée des Templiers auxquels cette ville a appartenu.

La seconde route prolonge le Tage depuis Talavera la Reyna. A quelque distance, et au nord de cette route, il est bon d'observer

Villa-Rejo, au nord-ouest et à sept lieues de Talavera la Reyna.

Villa-Franca, plus au nord, est à neuf lieues un tiers de la précédente.

Plazentia, à l'occident et à seize lieues de Talavera la Reyna, est une ville située dans une plaine fertile.

Coria, huit lieues plus à l'ouest, est une petite ville sur la rivière d'Alagon.

Alcantara, sur le Tage et sur la frontière du Portugal, est une ville ancienne et célèbre, chef-lieu d'un ordre de chevalerie. On y voit

Ci-contre 23 l. $\frac{1}{6}$.

un très-beau pont qui est un ouvrage
des Romains. Elle est distante de
Talavera la Reyna, de   30 $\frac{1}{2}$.

Caures, au sud-est et à huit lieues un
tiers de la précédente, est une petite place
sur la rivière de Sabror qui se jette dans
le Tage.

Albuquerque , petite mais forte
ville, et très-commerçante en laine
et draperies.   8 $\frac{1}{2}$.

Badajoz , précédemment décrite.   4 $\frac{1}{2}$.

                           66    $\frac{4}{6}$.

PORTUGAL.

Elvas, grande, belle et forte ville,
avec une citerne remarquable.   3

Portalegre, jolie et forte ville, à huit
lieues un tiers nord - ouest d'Elvas.

Menzaraz, au sud-ouest et à neuf lieues
de la même, est sur la Guadiana.

Moura, aussi sur la Guadiana, est une
ancienne ville, au sud-ouest et à six lieues
et demie de la précédente.

Estremoz, petite ville, mais forti-
fiée, est divisée en haute et basse.   10 $\frac{1}{2}$.

                          80 l. $\frac{1}{6}$.

D'autre part 80 l. $\frac{5}{6}$.

Evora, à neuf lieues et au sud-ouest de la précédente, est plus considérable.

Lisbonne, ci-devant décrite. 25 $\frac{1}{2}$.

———————————

105 l. $\frac{2}{3}$.

Une route conduit de Lisbonne en Andalousie, et passe par

Alcar de Sal, ainsi nommé du sel blanc qui s'y fait. Cette ville a un fort château. 13 l. $\frac{1}{4}$.

Ourique, au midi et à douze lieues trois quarts de celle-ci, est remarquable par une victoire célèbre remportée sur les Maures en 1139.

Beja est une ville ancienne, avec un fort château. 8 $\frac{1}{3}$.

Serpa, sur la Guadiana, est une ville forte, mais médiocre. 7 $\frac{1}{2}$.

Séville, capitale de l'Andalousie, ci-après décrite. 30 $\frac{1}{4}$.

———————————

59 l. $\frac{1}{3}$.

Mertola, au midi et à sept lieues de Serpa, est une ancienne et forte ville.

Le pays des Algarves, ancien royaume des Maures, au midi du Portugal, contient plusieurs villes remarquables.

Tavira, au midi et à dix lieues trois quarts de Mertola, est un très-bon port, défendu par une forteresse.

Faro, à l'occident et à six lieues de celle-ci, est une ville avec un port, près duquel se pêche une quantité de thons et de sardines, dont les habitans font un grand commerce.

Lagos, aussi à l'occident et à neuf lieues et demie de la précédente, est une ville avec un bon hâvre et un château.

En remontant la côte vers Lisbonne, on trouve les places suivantes :

Odesciza, petite ville au nord et à sept lieues un quart de la précédente.

Saint Jago de Cacem, au nord et à dix lieues de la dernière, est une ville peu considérable, au fond d'un petit golfe.

Setuval, encore plus au nord, est une ville où il se fait un grand commerce de sel. Elle est à six lieues et demie de Lisbonne.

Route de Madrid en Andalousie.

CASTILLE NOUVELLE.

Tolède, précédemment décrite.　　11 l. $\frac{1}{2}$.

Galbes, au sud-ouest et à quatre lieues et demie de la précédente, est une petite ville.

Ciudad-Réal, près de la Guadiana, est, dit-on, la plus belle ville de la Castille.　　　　　　　　　　17　$\frac{1}{2}$.

Herrera, à l'occident et à quatorze lieues de celle-ci, est aussi sur la Guadiana.

Alcocer, au midi et à trois lieues un quart de la dernière, est une autre petite ville.

Almodovar del Campo, ville peu considérable.　　　　　　　　　6　$\frac{1}{4}$.

　　　　　　　　　　　　　　35 l. $\frac{1}{4}$.

ANDALOUSIE , *l'ancienne Bétique,
et que les Sarazins ont ensuite
appelée* Andalous, *d'où lui est de-
meuré son nom actuel. C'est une
des plus belles provinces de l'Espagne , dont on dit en proverbe ,
qu'elle en est l'écurie , à cause
de ses bons chevaux , la cave
à cause de ses excellens vins , et
le grenier à cause du blé qui s'y
recueille.*

'Cordova , sur le Guadalquivir,
est une grande et belle ville, très-ancienne, et qui a été la capitale d'un
royaume sous les Maures. Sa cathédrale est une ancienne mosquée
aussi vaste que magnifique.   18 $\frac{2}{3}$

Anduxar, au nord-est et à onze lieues
de celle-ci , est une ville grande et commerçante, sur le Guadalquivir. Une route
y conduit de Cordova.

Alcala-Real est une petite ville, sur
une montagne , au sud-est et à dix lieues

D'autre part 531. $\frac{7}{12}$.

de Cordova, de laquelle part une route qui y conduit.

Ecija, jolie ville.   8
                                        _____
                                        61   $\frac{7}{12}$.

Un embranchement de la route conduit de cette ville dans la partie méridionale de l'Andalousie, passant par   61 $\frac{7}{12}$

Ossuna, ville assez considérable.   5

Ronda, jolie et forte ville, sur un rocher fort escarpé, est frontière de l'Andalousie et du royaume de Grenade, mais appartient à ce dernier.   15

Algésiras, ville et port au fond d'une grande baie et en face de Gibraltar.   9
                                        _____
                                        90 l. $\frac{7}{12}$

Carmona, ancienne ville. Une
                                        _____
                                        61 l. $\frac{7}{12}$.

Ci-contre   611. $\frac{7}{12}$.

de ses portes passe pour le plus grand morceau d'antiquité de toute l'Espagne.

8

Cantillana, au nord-ouest et à trois lieues deux tiers de la précédente, est sur le Guadalquivir.

Séville, capitale de l'Andalousie, est la première ville d'Espagne après Madrid ; elle est située sur le Guadalquivir ; elle est grande , bien bâtie, et la plus marchande de ce royaume. On en peut juger par le proverbe espagnol : *Qui n'a pas vu Séville, n'a pas vu de merveille.*

7   $\frac{1}{4}$.

Saint-Lucar Major, au nord-ouest et à cinq lieues de cette dernière, est sur la route qui conduit de Séville en Portugal.

Solamea Arcobispo, au nord de cette route, est aussi au nord-ouest et à treize lieues un quart de Séville.

Lebrixa, ville agréable, dans un sol fertile.

9   $\frac{2}{3}$.

861. $\frac{1}{4}$.

D'autre part 861. $\frac{1}{4}$.

Cabecas est à l'orient et à cinq lieues de celle-ci.

Xerés de la Frontera, jolie ville, célèbre par la défaite des Goths par les Maures.

Arcos, à l'orient et à six lieues trois quarts de la précédente, est une forte ville, sur un roc escarpé.

Cadiz, ville bâtie par les Phéniciens, était autrefois appelée *Gades*. Elle est une des plus importantes de l'Espagne ; elle est bâtie dans une île qu'un pont ou chaussée unit au continent, et son port est le centre du commerce des Indes.

5
_____
91 l. $\frac{1}{3}$.

Medina Sidonia, à l'orient et à sept lieues de Cadiz, est une ancienne et assez jolie ville.

Palos, au nord-ouest et à onze lieues et demie de Cadiz, est un petit port, fameux par le départ de Christophe Colomb pour la découverte de l'Amérique.

Lucena, au nord et à cinq lieues trois quarts de la dernière, est une petite ville.

Saint-Lucar, à l'occident et à onze lieues et demie de la précédente, est une ville forte, sur les confins du Portugal, avec un petit port sur la Guadiana.

Route de Madrid au royaume de Grenade.

CASTILLE NOUVELLE.

Tolède, précédemment décrite.　11 l. ½.

Consuegra, au sud-est et à neuf lieues un quart de celle-ci, est à l'orient de cette route.

Villa-Hanta, lieu peu considérable.　12 ⅔.

Calatrava, au sud-ouest et à six lieues du précédent, est une ville proche de la Guadiana. Cette ville est le chef-lieu d'un ordre de chevalerie de ce nom.

Montiel, au sud-ouest et à treize lieues de Villa-Hanta, est une petite ville.

ANDALOUSIE.

Jaen, belle et grande ville, était capitale d'un royaume sous les Maures.　29

53 l. ⅕.

$$\textit{D'autre part} \quad 531. \tfrac{1}{6}.$$

Ubeda, au nord-est et à sept lieues de la dernière, est une ville considérable et bien peuplée.

ROYAUME DE GRENADE; *il est le dernier dont les Maures ont été chassés.*

Grenade, sa capitale, est sur le Daro, qui se jette dans le Guadalquivir. Cette ville est une des plus grandes de l'Espagne, et est ornée de palais magnifiques; elle est encore remarquable par un grand nombre de fontaines. $9 \quad \tfrac{1}{2}.$

Malaga, ancienne et forte ville, renommée pour ses bons vins, a un très-bon port et très-fréquenté. $19 \quad \tfrac{1}{2}.$

$$821. \tfrac{1}{6}.$$

Antequera, au nord de celle-ci, est une ville divisée en haute et basse, et est assez considérable. Elle est sur la route de Malaga à Cordova. $41. \tfrac{1}{2}.$

Ci-contre   41. $\frac{1}{3}$.

Cordova, en Andalousie, précédemment décrite.   16
                                        _____
                                        20 l. $\frac{1}{3}$.

Loxa, à l'occident et à sept lieues de Grenade, est une ville assez considérable, sur le Xenil, qui se jette dans le Guadalquivir.

Almeria, au sud-est et à quinze lieues de Grenade, est une ville avec un bon port.

Une route conduit au nord-est de Grenade à Murcie, passant par

Guadix, ancienne et grande ville.   9 l.

Baca, place autrefois importante.   8

Huescar, au nord-est et à quatre lieues et demie de celle-ci, est une ville avec un château.

Lorca, dans le royaume de Murcie, ci-après décrit, est une ville délabrée.   10 $\frac{2}{3}$.

Murcie, ci-après décrite.   12 $\frac{1}{2}$.
                                        _____
                                        40 l.

Route de Madrid dans le royaume de Murcie.

CASTILLE NOUVELLE.

Aranjuez, au nord et à sept lieues de Madrid, est à l'occident de cette route : c'est une maison de plaisance des rois d'Espagne, charmante par sa situation et ses beautés naturelles.

Belmonte , bourg peu remarquable. 22 l. ½.

Toboso , à l'occident et à cinq lieues et demie du précédent, est un autre bourg où Cervantes a placé la dulcinée de Don-Quichote.

Saint-Clemente est une ville remarquable par sa fidélité à Philippe V, le premier des Bourbons qui ait régné en Espagne. 4

Albacete , lieu peu important. 10 ⅛.

Ici un embranchement de route qui mène à *Chinchilla*, autre lieu peu important. 31 l. ½.

31. ½. 371 l. ⅙.

Ci-contre   31. $\frac{1}{2}$.   37 l. $\frac{1}{6}$.

Alicante , ci-après dé-
crite.   20
                                      ─────────
                                      23 l. $\frac{1}{2}$.

ROYAUME DE MURCIE. *Il a conservé*
ce titre qu'il avait, quoique de
peu d'étendue , sous les rois
Maures.

Tobarra , petite ville.   9

Murcia, sur la Segura, est la capitale de ce royaume, auquel elle a
donné son nom. C'est une grande
et belle ville ; le clocher de sa cathédrale a cela de remarquable, qu'un
carrosse peut monter jusqu'au haut.   12 $\frac{1}{2}$.

Carthagène , bâtie par les Carthaginois , est une ville remarquable
par la bonté de son port.   10
                                      ─────────
                                      681. $\frac{1}{3}$.

Almacaron, à l'occident et à six lieues et demie
de Carthagène, est une petite ville avec une forteresse.

Une route conduit de Carthagène à Alicante, par

Orihuela, ville considé-
rable, au royaume de
Valence.   12 l.

Alicante, ci-après dé-
crite.   6
                                    ─────────
                                      181.

─────────────────────────────

Routes de Madrid dans le royaume de
Valence.

Plusieurs y conduisent; mais celle qui mène
directement à Valence, sa capitale, est celle
que nous allons d'abord suivre.

CASTILLE NOUVELLE.

Guete, ancienne et jolie ville.   20
Cuença, ville sur la rivière de
Xucar, prise et reprise dans la
guerre que la maison de Bourbon
a eu à soutenir lors de son avénement au trône d'Espagne.   4
                                    ─────────
                                      24 l.

Requena, ville forte, aussi prise et reprise dans la même guerre.   15 $\frac{1}{3}$.

Xerquera, au midi et à sept lieues et demie de la précédente, est sur le Xucar.

ROYAUME DE VALENCE. *C'est le pays le plus productif de l'Espagne. Il a été conquis par un roi d'Aragon, sur les Maures.*

Valence, sa capitale, est une grande ville, bien bâtie, dont les environs sont des plus agréables et remplis de jardins. Son port en est à quelque distance. On peut rechercher aux environs les ruines de Sagonte, l'alliée des Romains, et attaquée par Annibal contre la foi des traités.   12 $\frac{1}{3}$.

51 l. $\frac{2}{3}$.

Une route se dirige de cette ville vers la partie méridionale de ce pays, passant auprès de

Xativa, ville anciennement florissante,

mais détruite par son opiniâtreté à s'opposer à l'avénement des Bourbons au trône d'Espagne. 8

Villena, sur cette route, est une ancienne ville de la Castille nouvelle. 6 $\frac{1}{2}$.

Alicante, ville forte et port très-fréquenté. Ses excellens vins, sa soude et ses autres productions y forment des objets considérables de commerce. 12 $\frac{1}{8}$.

Orihuela, précédemment décrite, à la route de Carthagène à Alicante. 6

32 l. $\frac{5}{6}$.

Denia, au sud-est et à quinze lieues de Valence, est une ville avec un port qui communique entre elles par une route particulière.

Seconde route de Madrid dans le royaume de Valence.

CASTILLE NOUVELLE.

Alcala de Henarés, ville célèbre par son

université, fondée par le cardinal de Xi-
menès. $4 \frac{1}{2}$.

ARAGON.

Albarazin, à l'orient et à vingt-sept
lieues et demie de la précédente, est à peu
de distance de cette route. C'est une forte
ville, dont les laines sont très-renommées.

Tervel, ville riche et marchande. 32

ROYAUME DE VALENCE.

Segorbe, ville très-ancienne,
dans un terroir fertile. 12 $\frac{1}{4}$.
Murviedro, petite ville. 5 $\frac{3}{4}$.
Valence, précédemment décrite. 4

581. $\frac{1}{2}$.

*Troisième route de Madrid dans le
royaume de Valence.*

CASTILLE NOUVELLE.

Alcala de Henarés, précédemment décrite. 4 $\frac{2}{2}$.
Molina, ville forte. 23 $\frac{1}{2}$.

281.

D'autre part   281.

ARAGON.

Daroca, au nord-est et à huit lieues un quart de la précédente, est une ville où conduit un embranchement de la route.

Aliaga, ville peu importante.   17 $\frac{1}{2}$.
Peniscola, ville forte, sur la Méditerranée.

                                   17   $\frac{3}{4}$.

                               631. $\frac{1}{4}$.

Route de Valence le long de la Méditerranée , jusqu'à Barcelone en Catalogne.

ROYAUME DE VALENCE.

Murviedro, précédemment décrite.   4 l.
Peniscola, idem.   16 $\frac{1}{3}$.

CATALOGNE.

Tortose, ville forte et considérable, sur l'Ebro , près de son embouchure , avec un pont de bateaux

                               20 l.

Ci-contre   20 l.

sur ce fleuve. Elle a un fort bon
port.   9 $\frac{1}{2}$.

Tarragone, ville autrefois considérable, mais déchue; elle a aussi
un port.   11

Villa - Franca de Panades, pe-
tite ville assez jolie.   6

Barcelone, postérieurement dé-
crite.   8 $\frac{1}{4}$.
_____
                                          55 l. $\frac{1}{12}$.

═══════════════════════════════

Route de Madrid en Aragon.

CASTILLE NOUVELLE.

Alcala de Henarés, précédem-
ment décrite.   4 l. $\frac{1}{2}$.

CASTILLE VIEILLE.

Siguenza, forte ville avec uni-
versité.   14 $\frac{1}{3}$.

ARAGON.

Calataïud, ville assez considéra-
_____
                                         18 l. $\frac{11}{12}$.

D'autre part 181. $\frac{17}{12}$.

ble, au confluent de plusieurs pe-
tites rivières, formant celle de Xalo
qui se jette dans l'Ebro.

16 $\frac{2}{3}$.

Saragosse, capitale de l'Aragon,
sur l'Ebro, est une ville fort ancienne, bien bâtie, et qui a été le
séjour des rois d'Aragon.

12 $\frac{1}{3}$.

En jetant un coup d'œil sur les
autres villes d'Aragon, en-deçà de
l'Ebro, nous observerons

Taracona, au nord-ouest et à treize lieues
de Saragosse, est partie sur un rocher et
partie dans une plaine, ce qui l'a fait di-
viser en haute et basse ville.

Borja, au nord-ouest et à dix lieues un
quart de Saragosse, est une petite ville.

Belchite, au midi et à six lieues trois
quarts de Saragosse, est encore une petite
ville.

Caspe, au sud-est et à douze lieues et
demie de Saragosse, en est une autre sur
l'Ebro.

Jaca, place forte au pied des
Pyrénées, est sur la rivière d'Ara-

47 l. $\frac{1}{3}$.

Ci-contre 47 l. $\frac{5}{2}$.

gon, qui a donné son nom à cette
partie de l'Espagne.   15 $\frac{1}{2}$.
                                                    _____
                                                       631.

Exca, au nord-ouest et à dix lieues de Saragosse,
est une ville peu considérable.

Huesca, au nord-est et à neuf lieues de Saragosse,
est une ville située dans un terroir fertile.

Balbastro, plus oriental et à treize lieues trois
quarts de Saragosse, est une ville sur la rivière de
Verdes.

Venasque, au pied des Pyrénées, est au nord et à
treize lieues de la précédente.

Route de Madrid en Catalogne, et retour en France.

CASTILLE NOUVELLE.

Alcala de Henarés, précédem-
ment décrite.   4 $\frac{1}{2}$.

CASTILLE VIEILLE.

Siguenza, précédemment dé-
crite.   14 $\frac{2}{3}$.
                                                    _____
                                                     181. $\frac{10}{11}$.

D'autre part   181. $\frac{10}{12}$.

ARAGON.

Catalaïud, précédemment dé-
crite.   16 $\frac{2}{3}$.

Saragosse, précédemment dé-
crite.   12 $\frac{1}{3}$.

CATALOGNE, *principauté qui a autrefois appartenu à la France.*

Lerida, place forte, est fameuse
par la victoire que César remporta
sur le parti de Pompée.   18 . $\frac{1}{2}$.
                                                   ⎯⎯⎯⎯⎯
                                                   651.

Ici la route se divise, l'une vers
les Pyrénées, et l'autre vers Barcelone.

Route vers les Pyrénées. 651.

Balaguer, ville assez
considérable, avec un château sur la rivière de
Sègre, est à peu de distance
de cette route.   10 $\frac{2}{3}$.
                               ⎯⎯⎯⎯⎯⎯⎯⎯⎯⎯
                               75   $\frac{2}{3}$. 651.

Ci-contre .751 ⅔.   65 l.

Solsona, à l'orient et à huit lieues et demie de la précédente, est une ville qui a beaucoup souffert de son attachement à la maison d'Autriche contre celle des Bourbons.

Urgel, ancienne ville sur la Sègre, est au pied des Pyrénées.   11   ⅔.

Puycerda est une autre ville encore plus dans les montagnes, sur les confins de la France.   6

83 l. ⅓.

Route vers Barcelone.

Igualada, lieu peu important.   16

Barcelone , grande ville, bien bâtie, fort peuplée et très-commerçante, avec un port vaste et bien fortifié. On y voit de beaux édifices.   8   ¾.

Vich , au nord et à dix lieues deux tiers de celle-ci, est une ville presque ruinée pour avoir embrassé le parti de la maison d'Autriche contre celle des Bourbons.

89 l. ¾.

D'autre part   891 $\frac{3}{4}$.

Palamos, au nord-est et à quinze lieues deux tiers de Barcelone, est une petite ville très-forte, avec un port.

Girone, sur le Ter, est aussi une place forte.   15 $\frac{1}{3}$.

Roses, au nord-est et à sept lieues de la précédente, est encore une place forte avec un port.

Perpignan, de l'autre côté des Pyrénées, est une ville française.   12 $\frac{1}{4}$.

—————

1171. $\frac{1}{2}$.

Les relations futures de la France avec l'Espagne ont engagé à la publication de cet ouvrage, tant pour guider les voyageurs dans des routes qu'une faible population rend peu fréquentées, que pour faire connaître un pays si intéressant par la beauté de son climat, la fécondité de son sol, la richesse de ses productions, et qui va devenir l'allié le plus intime de la France.

FIN.

TABLE ALPHABÉTIQUE

DES VILLES ET BOURGS

MENTIONNÉS DANS CET ITINÉRAIRE.

A

B

C

M

Segovie.	15	Siguenza.	12
Selir.	27	Solsona.	55
Serpa.	34	Soria.	12
Setuval.	35	Stanque de Vares.	23
Seville.	39		

T

Talavera la Reyna.	29	Tolède.	29
Talavera la Vieja.	30	Tomar.	25
Taracona.	52	Toro.	17
Tarragone.	51	Tortose.	50
Tavira.	35	Truxillo.	30
Tervel.	49	Tudela.	11
Tobarra.	45	Tuy.	20
Toboso.	44		

V

Valence.	47	Villa Franca (Estramadure).	32
Valladolid.	16	Villa Franca de Panades.	51
Ubeda.	42	Villa-Hanta.	41
Venasque.	53	Villa-Rejo.	32
Viana.	20	Villena.	48
Viana sur l'Océan.	28	Vigo.	21
Vich.	56	Viseu.	27
Villa Franca (Asturies).	20	Urgel.	55

X

| Xativa. | 37 | Xeres de la Frontera. | 40 |
| Xeres de los Cavalleros. | 32 | Xerquera. | 47 |

Z

| Zamora. | 17 | | |

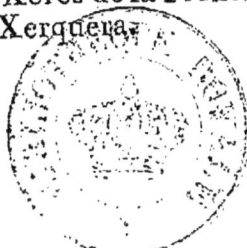

FIN DE LA TABLE.

De l'Imprimerie de J.-B. IMBERT, rue de la Vieille-Monnaie, no. 12.

www.ingramcontent.com/pod-product-compliance
Lightning Source LLC
LaVergne TN
LVHW022138080426
835511LV00007B/1164